Lekti Kreyòl

Repons
Liv Aktivite 2

Wilson Douce

Lekti Kreyòl Repons Liv Aktivite 2
By Wilson Douce

© Copyright Wilson Douce 2021
ISBN: 978-1-956241-10-5

ALL RIGHTS RESERVED. No part of this book may be reproduced, scanned or transmitted in any forms, digital, audio or printed, without the expressed written consent of the author.

Illustration: Anya Cartwrigh

Repons - Leson 1 - Vole Avyon - Vokabilè

Paj 1
1. rèv
2. Bèljik
3. toujou
4. Jodiya
5. pasyon
6. lekòl
7. piti
8. avyon
9. tan
10. fanatik
11. pilòt
12. Elikoptè
13. kontan

Repons - Leson 1 - Vole Avyon - Vokabilè

Paj 2
1. toujou
2. rèv
3. lekòl
4. Elikoptè
5. pilòt
6. Jodiya
7. fanatik
8. avyon
9. Bèljik
10. kontan
11. piti
12. pasyon
13. tan

Paj 4
Repons yo ap varye dapre nivo elèv/etidyan/patisipan yo.

Repons - Leson 1 - Vole Avyon - Vèb ak ekspresyon

Paj 5
1. se
2. enterese
3. pilote
4. satisfè
5. se to pasyon mwen
6. gade
7. reyalize
8. pran
9. pase

Paj 6
1. gade
2. se
3. reyalize
4. enterese
5. pilote
6. satisfè
7. pran
8. pase
9. se to pasyon mwen

Paj 7
1. Mwen te toujou pran tan pou gade avyon k' ap vole.
2. Apre mwen fini pase yon bon ti tan nan yon lekòl pilòt nan peyi Bèljik, mwen ka pilote avyon.
3. Mwen reyalize rèv mwen.
4. Lè mwen te piti, se te pasyon mwen.
5. Elikoptè te enterese mwen tou.
6. Jodiya mwen satisfè.
7. Mwen te toujou pran tan pou gade avyon k' ap vole.
8. Apre mwen fini pase yon bon ti tan nan yon lekòl pilòt nan peyi Bèljik, mwen ka pilote avyon.
9. Lè mwen te piti, se te pasyon mwen.

Paj 9
Repons yo ap varye dapre nivo elèv/etidyan/patisipan yo.

Paj 10
1. se to pasyon mwen
2. pilote
3. reyalize
4. enterese
5. satisfe
6. gade
7. pran
8. se
9. pase

Paj 11
1. atire
2. rete, dire, etidye
3. pase (Ek. pase tan ap gade)
4. akonpli, egzekite, konkretize, materyalize
5. vole, dirije
6. timoun
7. afeksyon, foli (Ek. Se te foli mwen, Se te afeksyon mwen)
8. kontan, ere, fyè
9. kontanple, obsève, egzamine, konsidere

Paj 13
1. son
2. gita
3. twonbòn
4. Twonpèt
5. van
6. syèl
7. klarinèt
8. flit
9. amoni
10. akòd
11. anpil
12. Enstriman

Repons - Leson 2 - Yon Sesyon Mizik - Vèb ak ekspresyon

Paj 14
1. koute
2. tanmen, demare
3. adore, cheri, pasyone de, enterese nan
4. enstriman an bwa, a van, a anch
5. konprann, soupsone, konstate, apèsi
6. remèt, ofri, jwe, transmèt, delivre

Paj 15
1. Mo ki gen menm son ou tande nan finisman 'pen' (renmen).
2. Mo ki gen menm son ou tande nan kòmansman 'sante' (santi).
3. Mo ki gen menm son ou tande nan finisman 'devinèt' (klarinèt).
4. Mo ki gen menm son ou tande nan kòmansman 'kouraj' (koumanse).
5. Mo ki gen menm son ou tande nan finisman 'agranman' (enstriman).
6. Mo ki gen menm son ou tande nan kòmansman 'nich' (amoni).

Paj 16
1. renmen
2. tande
3. klarin
4. bay
5. koumanse
6. santi

Lekti Kreyòl - Repons Liv Aktivite 1 W. Douce

Paj 17 - Repons yo ap varye dapre nivo elèv/etidyan/patisipan yo.

Repons - Leson 2 - Yon Sesyon Mizik - Vèb ak ekspresyon

Paj 19
1. Enstriman yo te fèk koumanse jwe.
2. Enstriman a kòd kon enstriman van, yo tout ap bay ban son.
3. Mwen renmen bon son.
4. Mwen santi mwen nan syèl.
5. Twonpèt kou twonbòn, klarinèt kou flit, gita kou pyano yo tout ap chante.
6. Mwen tande yon bèl amoni.

Paj 20
1. renmen
2. koumanse
3. santi
4. klarinèt
5. tande
6. bay

Paj 21
1. klarin(èt)
2. tande
3. bay
4. renmen
5. santi
6. koumanse

Repons - Leson 2 - Yon Sesyon Mizik - Vokabilè

Paj 22
1. akòd
2. Twonpèt
3. amoni
4. van
5. syèl
6. gita
7. son
8. twonbòn
9. flit
10. Enstriman
11. anpil
12. klarinèt

Paj 23
1. se pa te
2. moute
3. gen
4. fèmen
5. pran prekosyon
6. chita
7. Se
8. sonje

Paj 24
Repons yo ap varye dapre nivo elèv/etidyan/patisipan yo.

Repons - Leson 3 - Fè Laglisad - Vèb

Paj 25
1. sonje
2. fèmen
3. pran prekosyon
4. se pa to
5. Se
6. moute
7. gen
8. chita

Paj 27
1. grav
2. zanmi
3. amizman
4. plezi
5. Pafwa
6. laglisad
7. grafonyen
8. katon

Paj 28 - Repons yo ap varye dapre nivo elèv/etidyan/patisipan yo.

Paj 30
1. Pafwa
2. zanmi
3. plezi
4. gray
5. amizman
6. grafonyen
7. katon
8. laglisad

Repons - Leson 3 - Fè Laglisad - Vokabilè

Paj 31
1. Pafwa
2. laglisad
3. plezi
4. katon
5. grav
6. amizman
7. grafonyen
8. zanmi

Paj 32 - Repons yo ap varye dapre nivo elèv/etidyan/patisipan yo.

Paj 34
1. jwè
2. beng
3. foutbòl
4. Abit
5. tèlman
6. ekip
7. moun

Paj 35
1. jwè
2. foutbòl
3. moun
4. tèlman
5. ekip
6. Abit
7. Beng

Paj 36 - Repons yo ap varye dapre nivo elèv/etidyan/patisipan yo.

Paj 38
1. kale
2. Gade
3. pran
4. rive
5. soufle
6. siveye
7. trible
8. reyini
9. sonnen
10. koumanse
11. pouse

Paj 39
1. pran
2. Gade
3. sonnen
4. koumanse
5. pouse
6. siveye
7. trible
8. soufle
9. rive
10. reyini
11. kale

Paj 40 - Repons yo ap varye dapre nivo elèv/etidyan/patisipan yo.

Lekti Kreyòl - Repons Liv Aktivite 1   W. Douce

Paj 42
1. Tonton
2. Jeremi
3. moun
4. maren
5. waf
6. tay mwayèn
7. chay
8. bagay
9. Bato

Paj 43
1. Tonton
2. Jeremi
3. tay mwayèn
4. moun
5. bagay
6. maren
7. chay
8. Bato
9. waf

Paj 44 - Repons yo ap varye dapre nivo elèv/etidyan/patisipan yo.

Paj 46
1. travay
2. Bato a bèl
3. pote
4. li pi gwo
5. renmen
6. koule
7. Se
8. prale
9. achte

Paj 47
1. li pi gwo
2. Bato a bèl
3. Se
4. renmen
5. prale
6. koule
7. achte
8. travay
9. pote

Repons - Leson 6 - Jwèt Bòlèt - Vèb

Paj 48
1. pran
2. reve
3. ale
4. jwe
5. genyen
6. renmen
7. pote
8. meprize
9. se
10. jwenn

Paj 49 - Repons yo ap varye dapre nivo elèv/etidyan/patisipan yo.

Paj 51
1. pote
2. jwenn
3. pran
4. renmen
5. reve
6. ale
7. genyen
8. se
9. meprize
10. jwe

Paj 52
1. meprize
2. pran
3. pote
4. jwenn
5. ale
6. jwe
7. reve
8. se
9. renmen
10. genyen

Paj 53 - Repons yo ap varye dapre nivo elèv/etidyan/patisipan yo.

Paj 55
1. rich
2. bòlèt
3. pwovens
4. traka
5. kapital
6. toutan
7. non
8. rèv
9. Raman
10. fanmi
11. bank
12. nimewo

Paj 56
1. bòlèt
2. nimewo
3. pwovens
4. traka
5. fanmi
6. rèv
7. Raman
8. kapital
9. toutan
10. rich
11. non
12. bank

Paj 57 - Repons yo ap varye dapre nivo elèv/etidyan/patisipan yo.

Paj 59
1. kite
2. gen
3. rekòmanse
4. tounen
5. fini
6. fèk soti
7. rewè

Paj 60
1. fini
2. fèk soti
3. gen
4. tounen
5. rekòmanse
6. kite
7. rewè

Paj 61 - Repons yo ap varye dapre nivo elèv/etidyan/patisipan yo.

Paj 63
1. Vakans
2. kliyan
3. madanm
4. kominote
5. dispozisyon
6. kontan
7. repo
8. magazen

Paj 64
1. repo
2. kominote
3. kontan
4. magazen
5. madanm
6. dispozisyon
7. Vakans
8. kliyan

Lekti Kreyòl - Repons Liv Aktivite 1   W. Douce

Paj 66 - Repons yo ap varye dapre nivo elèv/etidyan/patisipan yo.

Repons - Leson 8 – Lanjelis - Vokabilè

Paj 67
1. popyè
2. lakay
3. jounen
4. labrim
5. setè
6. Firanmezi

Paj 68
1. Setè
2. Labrim
3. Lakay
4. Firanmezi
5. Jounen
6. popyè

Paj 70 - Repons yo ap varye dapre nivo elèv/etidyan/patisipan yo.

Repons - Leson 8 - Lanjelis- Vèb

Paj 71
1. mache
2. boure
3. fèk
4. efase
5. se
6. tounen
7. kache
8. disparèt
9. Kòmanse

Paj 72
1. kache
2. tounen
3. mache
4. kòmanse
5. disparèt
6. fèk
7. se
8. efase
9. boure

Paj 73 - Repons yo ap varye dapre nivo elèv/etidyan/patisipan yo

Repons - Leson 9 - Yon Pye Kenèp Mal - Vèb

Paj 75
1. fè
2. renmen
3. joure
4. kage
5. gen
6. Se
7. resevwa
8. rive
9. soufle

Paj 76
1. soufle
2. joule
3. kage
4. gen
5. resevwa
6. fè
7. rive
8. renmen
9. Se

Paj 78-79 Repons yo ap varye dapre nivo elèv/etidyan/patisipan yo.

Repons - Leson 9 - Yon Pye Kenèp Mal - Vokabilè

Paj 80
1. poukisa
2. frechè
3. Tanzantan
4. lajounen
5. labriz diswa
6. kenèp
7. lakay
8. sa
9. zòrèy
10. lonbraj
11. pajanm

Paj 81
1. lonbraj
2. zòrèy
3. sa
4. lakay
5. Tanzantan
6. poukisa
7. lajounen
8. frechè
9. kenèp
10. pajanm
11. labriz diswa

Paj 82 - Repons yo ap varye dapre nivo elèv/etidyan/patisipan yo.

Repons - Leson 10 - Aparans E Karaktè Moun - Vèb ak ekspresyon

Paj 83
1. kenbe
2. pale klè
3. gen moun anraje
4. gen moun tèt drèt
5. pale
6. di
7. gen
8. gen moun
9. deraye

Paj 84
1. pale klè
2. kenbe
3. gen moun tèt drèt
4. di
5. deraye
6. gen moun anraje
7. Gen moun
8. gen
9. pale

Paj 86 - Repons yo ap varye dapre nivo elèv/etidyan/patisipan yo.

Repons - Leson 10 - Aparans E Karaktè Moun - Vokabilè

Paj 87
1. latè
2. Pwovèb
3. anraje
4. Ostrali
5. dlo kòk
6. Moun
7. depaman
8. mens
9. travayan

Repons - Leson 10 - Aparans E Karaktè Moun – Vokabilè

Paj 88
1. depaman
2. mens
3. anraje
4. travayan
5. Moun
6. Pwovèb
7. Ostrali
8. latè
9. dlo kòk

Lekti Kreyòl - Repons Liv Aktivite 1 W. Douce

Paj 90-91 - Repons yo ap varye dapre nivo elèv/etidyan/patisipan yo.

Repons - Leson 11 - Yon Lèt Bay Manman Mwen - Vèb

Paj 92
1. konnen
2. Ban
3. rete
4. ye
5. ekri
6. Pote
7. sonje
8. Petyonvil
9. koze
10. renmen
11. fè
12. priye
13. rache

Paj 93
1. ekri
2. renmen
3. rete
4. konnen
5. Petyonvil
6. sonje
7. koze
8. priye
9. Ban
10. Pote
11. ye
12. rache
13. fè

Paj 96-97 - Repons yo ap varye dapre nivo elèv/etidyan/patisipan yo.

Repons - Leson 11 - Yon Lèt Bay Manman Mwen - Vokabilè

Paj 98
1. fado
2. tris
3. anpil
4. cheri
5. Mwen menm
6. sèten
7. Tanpri
8. lontan
9. Bondye
10. Petyonvil
11. soulajman
12. lakontantman
13. tout moun
14. Pitit gason
15. nouvèl

Repons - Leson 11 - Yon Lèt Bay Manman Mwen - Vokabilè

Paj 99
1. anpil
2. lakontantman
3. nouvèl
4. Petyonvil
5. soulajman
6. Bondye
7. sèten
8. tout moun
9. fado
10. Pitit gason
11. Mwen menm
12. cheri
13. lontan
14. Tanpri
15. tris

Paj 101 - Repons yo ap varye dapre nivo elèv/etidyan/patisipan yo.

Repons - Leson 12 - Nan Lopital - Vèb ak ekspresyon

Paj 102
1. gen
2. wè
3. kouche
4. se akoz
5. fè
6. soufri
7. sa di anpil
8. Ganyen
9. ale
10. vizite

Repons - Leson 12 - Nan Lopital - Vèb ak ekspresyon

Paj 103
1. wè
2. Ganyen
3. sa di anpil
4. se akoz
5. fè
6. ale
7. gen
8. soufri
9. kouche
10. vizite

Paj 105 - Repons yo ap varye dapre nivo elèv/etidyan/patisipan yo.

Repons - Leson 12 - Nan Lopital - Vokabilè

Paj 106
1. tibèkiloz
2. zantray
3. lopital
4. malnitrisyon
5. chiriji
6. òtopedi
7. enpridans
8. moun
9. aksidan
10. lapenn
11. kouraj

Repons - Leson 12 - Nan Lopital - Vokabilè

Paj 107
1. chiriji
2. enpridans
3. zantray
4. moun
5. lopital
6. tibèkiloz
7. kouraj
8. aksidan
9. òtopedi
10. malnitrisyon
11. lapenn

Paj 109 - Repons yo ap varye dapre nivo elèv/etidyan/patisipan yo.

Repons - Leson 13 - Yon Ti Tonèl - Vèb ak ekspresyon

Paj 110
1. trese
2. sèvi ak
3. se pa
4. Malgre sa
5. sèvi ak
6. Se pa vre
7. fè
8. Se
9. fèt

Repons - Leson 13 - Yon Ti Tonèl - Vèb ak ekspresyon

Paj 111
1. sèvi ak
2. Se pa vre
3. Malgre sa
4. fè
5. trese
6. Se
7. fèt
8. se pa
9. sèvi ak

Paj 114-115 - Repons yo ap varye dapre nivo elèv/etidyan/patisipan yo.

Repons - Leson 13 - Yon Ti Tonèl - Vokabilè

Paj 116
1. solid
2. travay
3. pay
4. kokoye
5. kokoye
6. gonmye
7. Malerezman
8. kajou
9. chenn
10. tribò babò
11. anyen ditou
12. tonèl
13. Anpil fwa

Repons - Leson 13 - Yon Ti Tonèl - Vokabilè

Paj 117
1. pay
2. anyen ditou
3. tonèl
4. kokoye
5. therm
6. Malerezman
7. kokoye
8. gonmye
9. solid
10. tribò babò
11. kajou
12. travay
13. Anpil fwa

Paj 119 - Repons yo ap varye dapre nivo elèv/etidyan/patisipan yo.

Repons - - Leson 14 - Bòs Fòmann - Vèb ak ekspresyon

Paj 120
1. sipèvize
2. bati
3. rete
4. moso
5. pi gwo moso
6. bezwen
7. pase
8. dwe

Paj 121
1. dwe
2. sipèvize
3. pi gwo moso
4. moso
5. pase
6. bezwen
7. rete
8. bati

Repons - Leson 14 - Bòs Fòmann – Vokabilè

Paj 124-125 - Repons yo ap varye dapre nivo elèv/etidyan/patisipan yo.

Paj 126
1. travay
2. detay
3. chantye
4. nòmalman
5. moso
6. enjenyè
7. fòmann
8. oubyen
9. toutan
10. ouvriye

Paj 127
1. moso
2. oubyen
3. chantye
4. toutan
5. enjenyè
6. travay
7. ouvriye
8. detay
9. fòrnann
10. nòmalman

Paj 129 - Repons yo ap varye dapre nivo elèv/etidyan/patisipan yo.

Paj 130
1. travay
2. devore
3. mouri
4. pa pral
5. goumen
6. mouri grangou
7. nan bout di
8. manje
9. fè
10. leve
11. senyen
12. viv

Paj 132 - Repons yo ap varye dapre nivo elèv/etidyan/patisipan yo.

Repons - Leson 15 - Yon Travay Faktori - Vokabilè

Paj 133
1. oubyen
2. malad
3. moun
4. lekòl
5. lamizè
6. bone
7. dyòb
8. zegwi
9. faktori
10. byen
11. bezbòl

Paj 134
1. lekòl
2. lamizè
3. faktori
4. moun
5. dyòb
6. oubyen
7. zegwi
8. bezbòl
9. bonè
10. malad
11. byen

Paj 136 - Repons yo ap varye dapre nivo elèv/etidyan/patisipan yo.

Repons - Leson 16 - Yon Kous Moto - Vèb ak ekspresyon

Paj 137
1. pèdi
2. double
3. pral
4. pran
5. genyen
6. kòk kalite
7. fè mouvman
8. renmen
9. konnen

Paj 138
1. pèdi
2. double
3. kòk kalite
4. renmen
5. konnen
6. pran
7. genyen
8. pral
9. fè mouvman

Paj 140 - Repons yo ap varye dapre nivo elèv/etidyan/patisipan yo.

Repons - Leson 16 - Yon Kous Moto - Vokabilè

Paj 141
1. moto
2. kontan
3. frè
4. manje
5. gagè
6. kalòt
7. mouvman
8. motosiklis
9. tankou

Paj 142
1. frè
2. tankou
3. motosiklis
4. gagè
5. manje
6. mouvman
7. kontan
8. moto
9. kalòt

Paj 144 - Repons yo ap varye dapre nivo elèv/etidyan/patisipan yo.

Repons - Leson 17 - Nan Makèt La - Vèb ak ekspresyon

Paj 145
1. enspekte
2. ale
3. mache
4. renmen
5. achte
6. fè
7. manyen
8. pote
9. gade
10. tcheke

Paj 146
1. manyen
2. enspekte
3. pote
4. mache
5. fè
6. gade
7. ale
8. renmen
9. achte
10. tcheke

Paj 149–150 - Repons yo ap varye dapre nivo elèv/etidyan/patisipan yo.

Repons - Leson 17 - Nan Makèt La - Vokabilè

Paj 151
1. vyann
2. frè
3. vitrin
4. sandwitch
5. anndan
6. janbon
7. manyen
8. adwat
9. diri
10. mayi
11. agoch
12. montadèl
13. anvan
14. Paske
15. makèt

Repons - Leson 17 - Nan Makèt La - Vokabilè

Paj 152
1. vitrin
2. makèt
3. vyann
4. diri
5. anvan
6. frè
7. agoch
8. janbon
9. mayi
10. Paske
11. adwat
12. manyen
13. anndan
14. montadèl
15. sandwitch

Paj 155 - Repons yo ap varye dapre nivo elèv/etidyan/patisipan yo.

Repons - Leson 18 - Monte Bisiklèt - Vèb ak ekspresyon

Paj 156
1. dekouraje
2. se
3. panse
4. pran
5. kenbe
6. monte
7. kouri
8. kite
9. renmen
10. tonbe

Paj 157
1. kouri
2. monte
3. kite
4. dekouraje
5. renmen
6. kenbe
7. tonbe
8. pran
9. panse
10. se

Paj 160 - Repons yo ap varye dapre nivo elèv/etidyan/patisipan yo.

Repons - Leson 18 - Monte Bisiklèt - Vokabile

Paj 161
1. bekàn
2. pèsonn
3. bisiklèt
4. kounyeya
5. wou
6. Men
7. difisil
8. bagay
9. tou
10. dekouraje
11. anpil

Paj 162
1. bisiklèt
2. Men
3. wou
4. pèsonn
5. anpil
6. bekàn
7. difisil
8. dekouraje
9. bagay
10. tou
11. kounyeya

Repons - Leson 19 - Nan Mache - Vokabilè

Paj 165 - Repons yo ap varye dapre nivo elèv/etidyan/patisipan yo.

Repons - Leson 19 - Nan Mache - Vèb ak ekspresyon

Paj 166
2. mete
3. gen
4. santi bon
5. yo tout byen fre
6. renmen
7. vini
8. gen
9. rasanble
10. reyini
11. grandi
12. achte

Paj 167
1. yo tout byen bèl
2. grandi
3. achte
4. santi bon
5. vini
6. mete
7. gen
8. renmen
9. yo tout byen fre
10. reyini
11. rasanble
12. gen

Paj 171-172 - Repons yo ap varye dapre nivo elèv/etidyan/patisipan yo.

Repons - Leson 19 - Nan Mache - Vokabilè

Paj 173-174
1. Machann
2. mache
3. chalè
4. sapoti
5. yanm
6. Yo tout
7. Sereyal
8. pitimi
9. zaboka
10. bannann
11. paran
12. legim
13. Pratik
14. sou bèt
15. mango
16. vyann

Paj 175-176
1. Machann
2. bannann
3. Pratik
4. vyann
5. legim
6. chalè
7. pitimi
8. sou bèt
9. sereyal
10. sapoti
11. mango
12. paran
13. zaboka
14. yanm
15. Yo tout
16. mache

Paj 178 - Repons yo ap varye dapre nivo elèv/etidyan/patisipan yo.

Repons - Leson 20 - Pran Taptap - Vèb ak ekspresyon

Paj 179
1. chita
2. rale
3. pran
4. Ala
5. tèt chaje
6. bije
7. goumen
8. frape
9. youn sou lòt
10. Gade
11. kwense
12. konnen

Paj 180
1. frape
2. tèt chaje
3. bije
4. pran
5. konnen
6. Gade
7. chita
8. rale
9. kwense
10. youn sou lòt
11. goumen
12. Ala

Paj 182 - Repons yo ap varye dapre nivo elèv/etidyan/patisipan yo.

Repons - Leson 20 - Pran Taptap - Vokabilè

Paj 183
1. plas
2. wout
3. egoyis
4. lavi
5. kwen
6. Pafwa
7. trajè
8. peyi
9. moun
10. taptap

Paj 184
1. peyi
2. taptap
3. wout
4. kwen
5. moun
6. Pafwa
7. lavi
8. traje
9. egoyis
10. plas

Paj 187-188 - Repons yo ap varye dapre nivo elèv/etidyan/patisipan yo.

Repons - Leson 21 - Ale Nan Lanmè Vèb ak ekspresyon

Lekti Kreyòl - Repons Liv Aktivite 1   W. Douce

Paj 189-190
1. pran
2. naje
3. monte
4. bay kalinda
5. tranpe
6. benyen
7. yon bon valè
8. bezwen
9. to gen tan gen
10. tounen lakay
11. anbake
12. tranpe
13. deside
14. fini
15. mache
16. anbake
17. ale
18. rive

Repons - Leson 21 - Ale Nan Lanmè Vèb ak ekspresyon

Paj 191-192
1. te gen tan gen
2. anbake
3. benyen
4. tranpe
5. naje
6. pran
7. rive
8. yon bon valè
9. bay kalinda
10. mache
11. fini
12. monte
13. deside
14. anbake
15. tranpe
16. tounen lakay
17. bezwen
18. ale

Paj 195-196 - Repons yo ap varye dapre nivo elèv/etidyan/patisipan yo.

Repons - Leson 21 - Ale Nan Lanmè Vokabilè

Paj 197
1. Semèn
2. Samdi
3. sab
4. granmoun
5. madanm
6. plaj
7. chanm
8. yo
9. chaloup
10. vwazen
11. Malerezman
12. lanmè
13. dlo lanmè
14. vandredi
15. machin

Repons - Leson 21 - Ale Nan Lanmè Vokabilè

Paj 198
1. Samdi
2. vandredi
3. lanmè
4. Malerezman
5. vwazen
6. machin
7. sab
8. chanm
9. granmoun
10. chaloup
11. plaj
12. do lanmè
13. madanm
14. Semèn
15. yo

Paj 201 - Repons yo ap varye dapre nivo elèv/etidyan/patisipan yo.

Repons - Leson 22 - Vwayaje Lòtbò Dlo - Vèb ak ekspresyon

Paj 202
1. fè
2. jwenn
3. mande
4. rantre
5. rive
6. sanble
7. antre
8. fin gen
9. vwayaje
10. pran
11. tcheke
12. pral

Paj 203
1. pral
2. rantre
3. vwayaje
4. ante
5. sanble
6. fè
7. jwenn
8. tcheke
9. pran
10. fin gen
11. rive
12. mande

Paj 206 - Repons yo ap varye dapre nivo elèv/etidyan/patisipan yo.

Repons - Leson 22 - Vwayaje Lòtbò Dlo - Vokabilè

Paj 207
1. imigrasyon
2. paspò
3. Ozetazini
4. Lafrans
5. stannbay
6. rezèvasyon
7. viza
8. avyon
9. zwazo
10. zefè
11. opalè
12. ayewopò
13. demach
14. Kanada

Repons - Leson 22 - Vwayaje Lòtbò Dlo - Vokabilè

Paj 208
1. opalè
2. demach
3. rezèvasyon
4. viza
5. Kanada
6. avyon
7. ayewopò
8. paspò
9. Lafrans
10. zwazo
11. stannbay
12. zefè
13. Ozetazini
14. imigrasyon

Paj 210 - Repons yo ap varye dapre nivo elèv/etidyan/patisipan yo.

Repons - Leson 23 - Yon Timoun Fèt - Vèb ak Ekspresyon

Paj 211
1. kòmanse
2. tou piti
3. sanble
4. konnen
5. Apèn
6. fèk gen
7. marye
8. Gade
9. se
10. soufle
11. tèt koupe

Lekti Kreyòl - Repons Liv Aktivite 1   W. Douce

Paj 212
1. soufle
2. fèk gen
3. Gade
4. kòmanse
5. Apèn
6. tèt koupe
7. marye
8. se
9. konnen
10. tou piti
11. sanble

Repons - Leson 24 - Yon Ka Lanmò - Vèb ak Ekspresyon

Paj 214 - Repons yo ap varye dapre nivo elèv/etidyan/patisipan yo.

Repons - Leson 23 - Yon Timoun Fèt - Vokabilè

Paj 215
1. ti bebe
2. piti
3. afeksyon
4. konbinezon
5. Apèn
6. anmore
7. papa
8. bèso
9. demen
10. depi

Paj 216
1. piti
2. bèso
3. afeksyon
4. papa
5. ti bebe
6. Apèn
7. depi
8. demen
9. anmore
10. konbinezon

Paj 219 - 220 - Repons yo ap varye dapre nivo elèv/etidyan/patisipan yo.

Repons - Leson 24 - Yon Ka Lanmò - Vèb ak Ekspresyon

Paj 221
1. mouri
2. touye
3. kenbe
4. voye
5. senyen
6. refè
7. Se pa mwen sèlman
8. pale
9. Se te
10. leve
11. flanm lanmou
12. renmen
13. Ala
14. tou limen
15. rete

Paj 222
1. voye
2. rete
3. Se pa mwen sèlman
4. renmen
5. refè
6. tou limen
7. flanm lanmou
8. Se te
9. leve
10. kenbe
11. mouri
12. touye
13. senyen
14. Ala
15. pale

Paj 224 - Repons yo ap varye dapre nivo elèv/etidyan/patisipan yo.

Repons - Leson 24 - Yon Ka Lanmò - Vokabilè

Paj 225
1. vye sò
2. malad
3. tas kafe
4. lakay
5. granmoun
6. Maladi
7. lya
8. kè
9. dènye
10. flanm lanmou
11. granmoun
12. vwazinaj
13. tris
14. madi

Repons - Leson 24 - Yon Ka Lanmò - Vokabilè

Paj 226
1. lakay
2. tas kafe
3. tris
4. granmoun
5. malad
6. vwazinaj
7. kè
8. madi
9. dènye
10. Maladi
11. vye sò
12. lya
13. flanm lanmou
14. granmoun

Paj 228 - Repons yo ap varye dapre nivo elèv/etidyan/patisipan yo.

Repons - Leson 25 - Anbago - Vèb ak Ekspresyon

Paj 229
1. chanje
2. trip kòde
3. Kè sere
4. bèl tankou pèl
5. fin
6. koumanse
7. depafini
8. vin pòtre
9. fòme
10. soti
11. poze

Paj 230
1. poze
2. koumanse
3. fòme
4. vin pòtre
5. Kè sere
6. fin
7. trip kòde
8. depafini
9. chanje
10. bèl tankou pèl
11. soti

Repons - Leson 25 - Anbago - Vokabilè

Paj 233 - Repons yo ap varye dapre nivo elèv/etidyan/patisipan yo.

Paj 234
1. soufrans
2. Ayiti
3. anndan
4. Deyò
5. kwatchòkò
6. debou
7. Lòtbò dlo
8. jenerasyon
9. mazora
10. Pòtòprens
11. anbago
12. bon sans
13. Konsyans

Repons - Leson 25 - Anbago - Vokabilè

Paj 235
1. kwatchòkò
2. bon sans
3. konsyans
4. anbago
5. deyò
6. soufrans
7. anndan
8. Pòtòprens
9. mazora
10. Ayiti
11. lòtbò dlo
12. jenerasyon
13. debou

Lekti Kreyòl - Repons Liv Aktivite 1 W. Douce

Repons - Leson 1 - Vole Avyon - Vokabilè
Paj 3

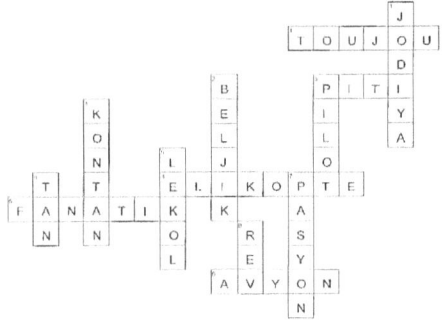

Repons - Leson 1 - Vole Avyon - Vèb ak ekspresyon
Paj 8

Repons - Leson 2 - Yon Sesyon Mizik - Vokabilè
Paj 12

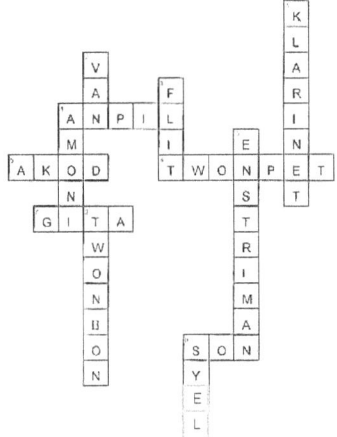

Paj 18

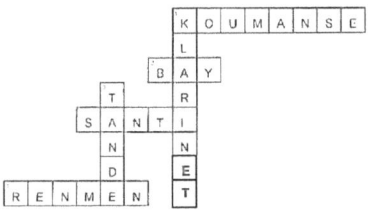

Repons - Leson 3 - Fè Laglisad - Vèb
Paj 26

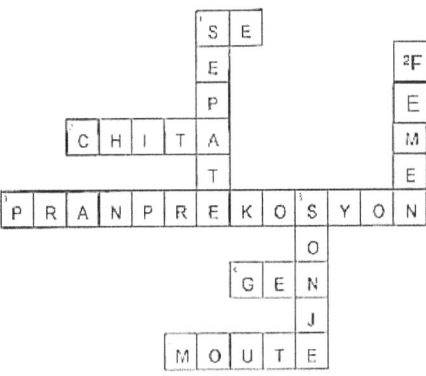

Repons - Leson 3 - Fè Laglisad - Vokabilè
Paj 29

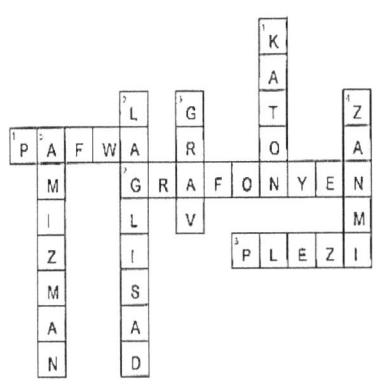

Repons - Leson 4 - Nan Yon Match - Vokabilè
Paj 33

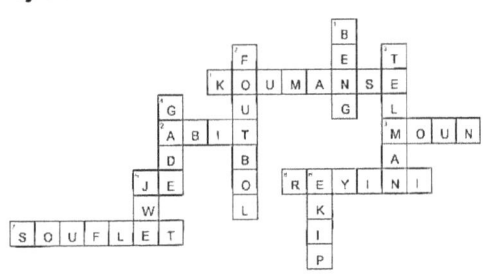

Lekti Kreyòl - Repons Liv Aktivite 1 W. Douce

Repons - Leson 4 - Nan Yon Match- Vèb
Paj 37

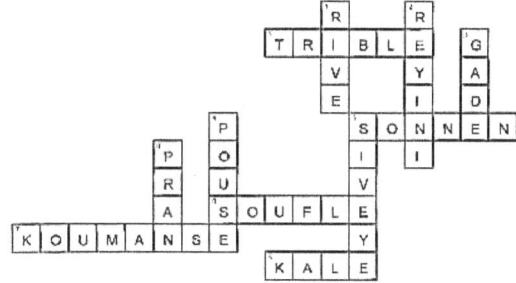

Repons - Leson 5 - Bato Tonton Mwen An - Vokabilè
Paj 41

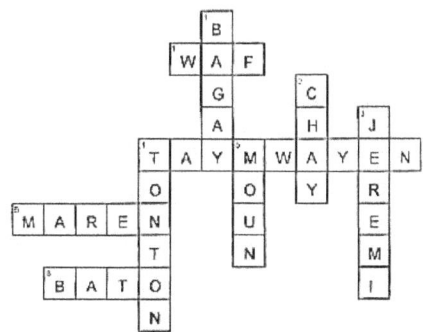

Repons - Leson 5 - Bato Tonton Mwen An - Vèb
Paj 45

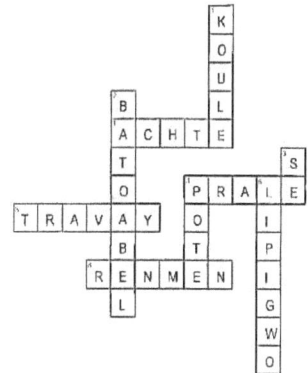

Paj 50

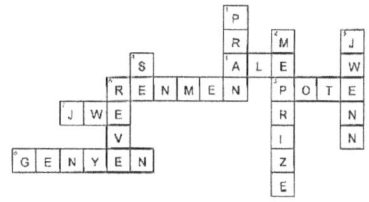

Repons - Leson 6 - Jwèt Bòlèt - Vokabilè
Paj 54

Repons - Leson 7 - Tounen Nan Travay - Vèb
Paj 58

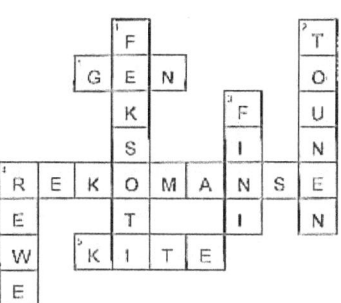

Repons - Leson 7 - Tounen Nan Travay - Vokabilè
Paj 62

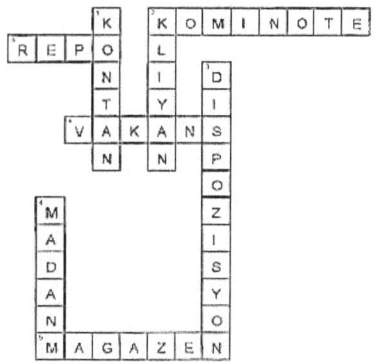

Lekti Kreyòl - Repons Liv Aktivite 1   W. Douce

Repons - Leson 8 - Lanjelis- Vokabilè
Paj 65

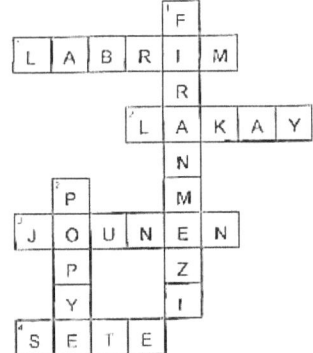

Repons - Leson 8 - Lanjelis- Vèb
Paj 69

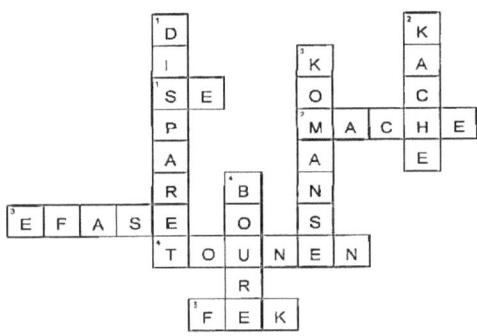

Repons - Leson 9 - Yon Pye Kenèp Mal - Vèb
Paj 74

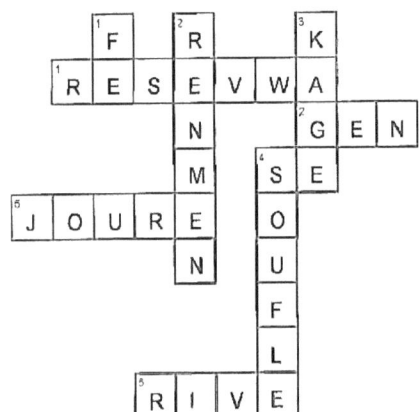

Repons - Leson 9 - Yon Pye Kenèp Mal - Vokabilè
Paj 77

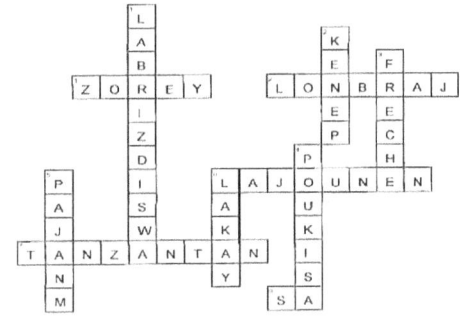

Repons - Leson 10 - Aparans E Karaktè Moun - Vokabilè
Paj 85

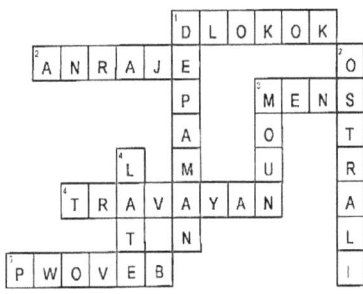

Repons - Leson 11 - Yon Lèt Bay Manman Mwen - Vèb
Paj 89

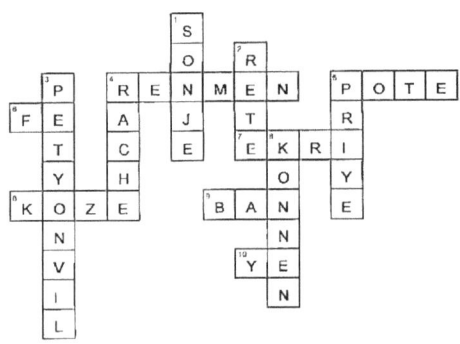

Lekti Kreyòl - Repons Liv Aktivite 1   W. Douce

Repons - Leson 11 - Yon Lèt Bay Manman Mwen - Vokabilè
Paj 94-95

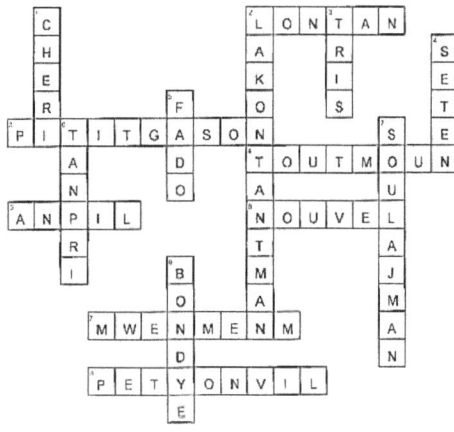

Repons - Leson 12 - Nan Lopital - Vèb ak ekspresyon
Paj 100

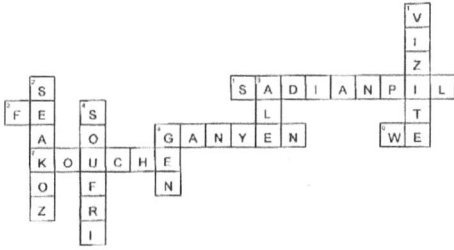

Repons - Leson 12 - Nan Lopital – Vokabilè
Paj 104

Repons - Leson 13 - Yon Ti Tonèl - Vèb ak ekspresyon
Paj 108

Repons - Leson 13 - Yon Ti Tonèl - Vokabilè
Paj 112-113

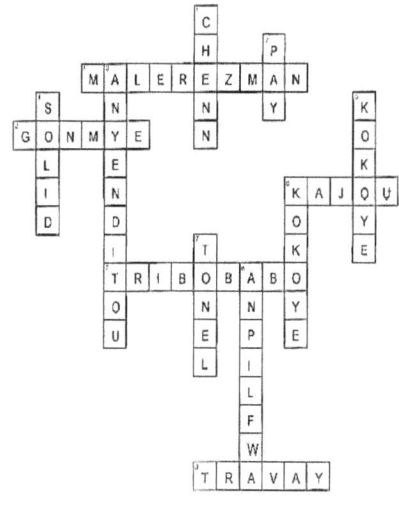

Repons - Leson 14 - Bòs Fòmann - Vèb ak ekspresyon
Paj 118

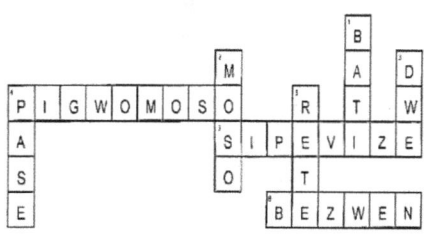

Lekti Kreyòl - Repons Liv Aktivite 1 W. Douce

Repons - - Leson 14 - Bòs Fòmann - Vokabilè
Paj 122-123

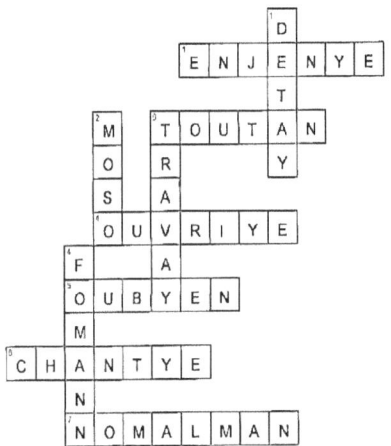

Repons - Leson 15 - Yon Travay Faktori - Vèb ak ekspresyon
Paj 128

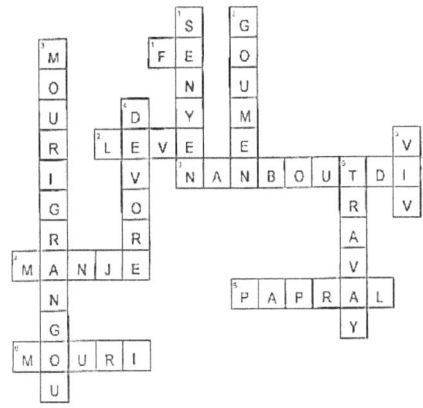

Repons - Leson 15 - Yon Travay Faktori - Vokabilè
Paj 131

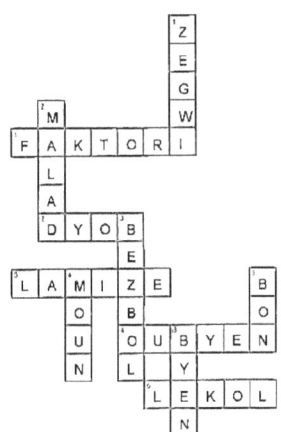

Repons - Leson 16 - Yon Kous Moto - Vèb ak ekspresyon
Paj 135

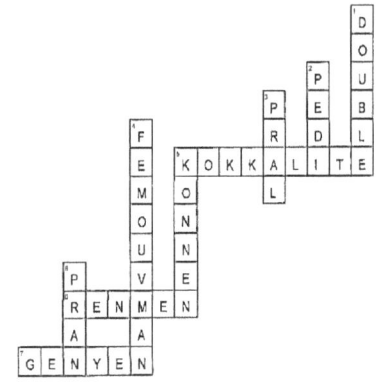

Repons - Leson 16 - Yon Kous Moto - Vokabilè
Paj 139

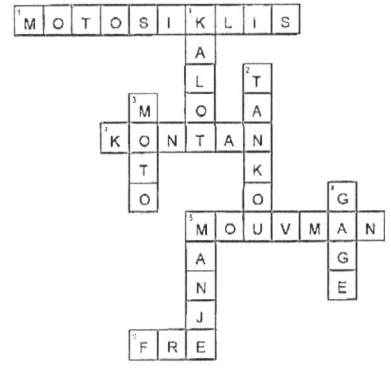

Repons - Leson 17 - Nan Makèt La - Vèb ak ekspresyon
Paj 143

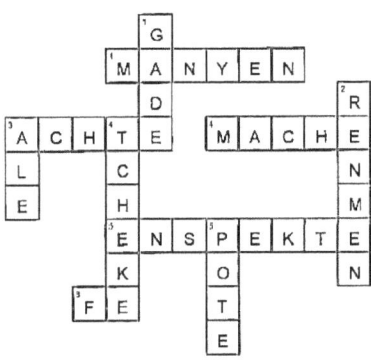

Lekti Kreyòl - Repons Liv Aktivite 1

Repons - Leson 17 - Nan Makèt La - Vokabilè

Paj 147-148

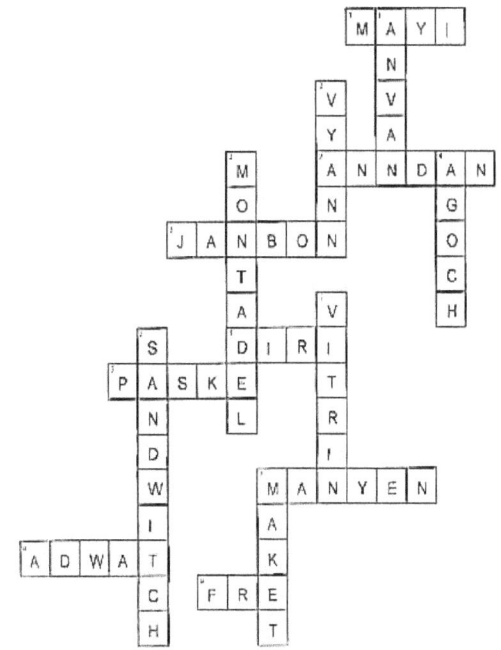

Paj 153

Paj 154

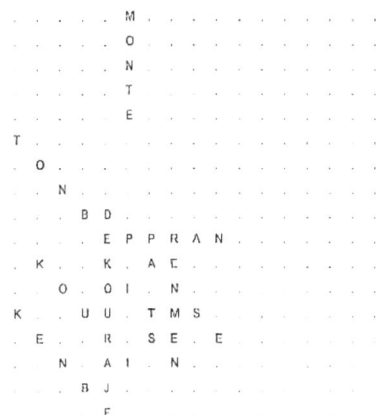

Repons - Leson 18 - Monte Bisiklèt - Vèb ak ekspresyon

Paj 158

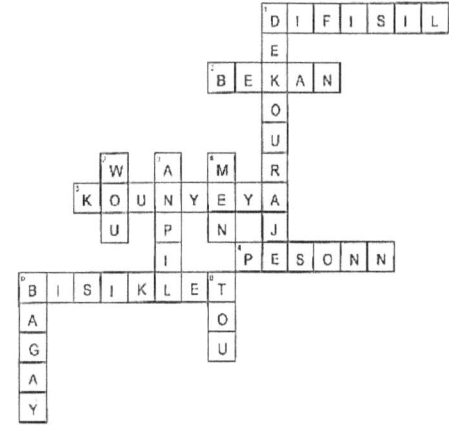

Repons - Leson 18 - Monte Bisiklèt - Vokabile

Paj 159

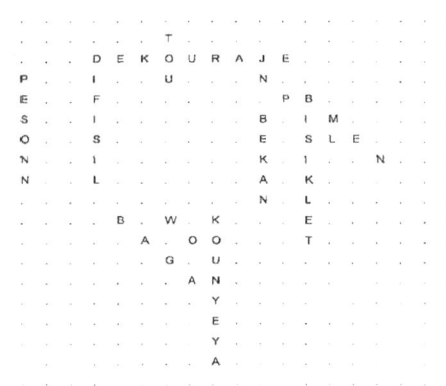

Repons - Leson 19 - Nan Mache - Vèb ak ekspresyon

Paj 163-164

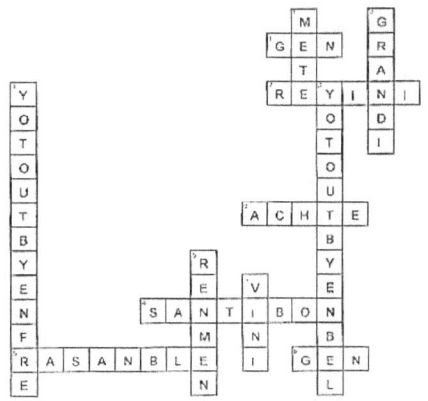

Lekti Kreyòl - Repons Liv Aktivite 1   W. Douce

Repons - Leson 19 - Nan Mache - Vokabilè
Paj 168-169

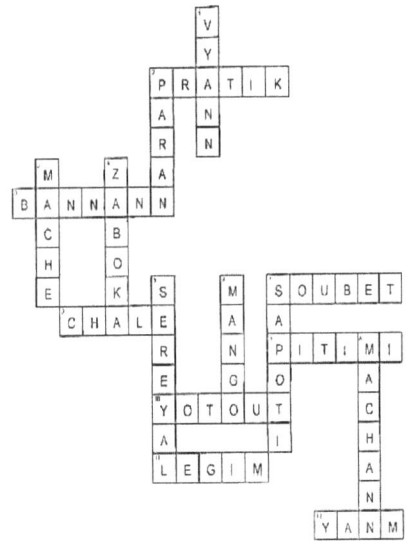

Repons - Leson 19 - Nan Mache - Vokabilè
Paj 170

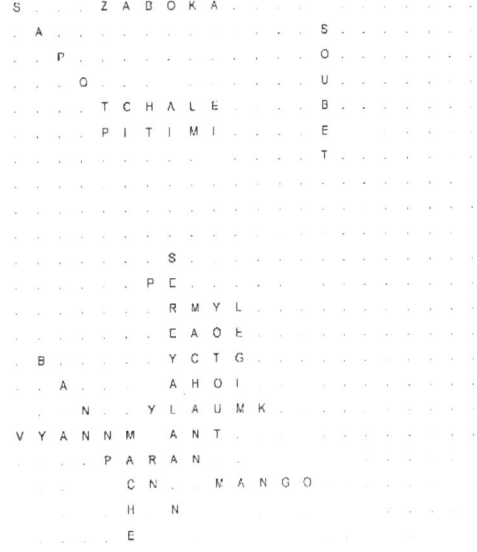

Repons - Leson 20 - Pran Taptap - Vèb ak ekspresyon
Paj 177

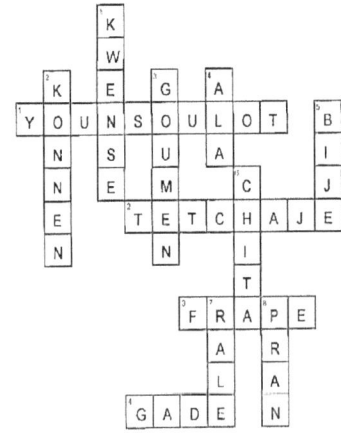

Repons - Leson 20 - Pran Taptap - Vokabilè
Paj 181

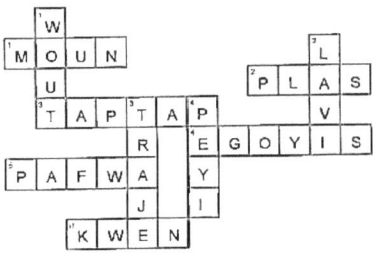

Repons - Leson 21 - Ale Nan Lanmè Vèb ak ekspresyon
Paj 185-186

Lekti Kreyòl - Repons Liv Aktivite 1   W. Douce

Repons - Leson 21 - Ale Nan Lanmè Vokabilè
Paj 193-194

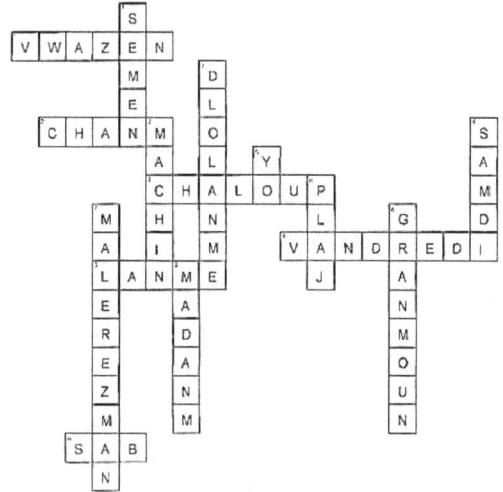

Repons - Leson 22 - Vwayaje Lòtbò Dlo - Vokabilè
Paj 204-205

Repons - Leson 22 - Vwayaje Lòtbò Dlo - Vèb ak ekspresyon
Paj 199-200

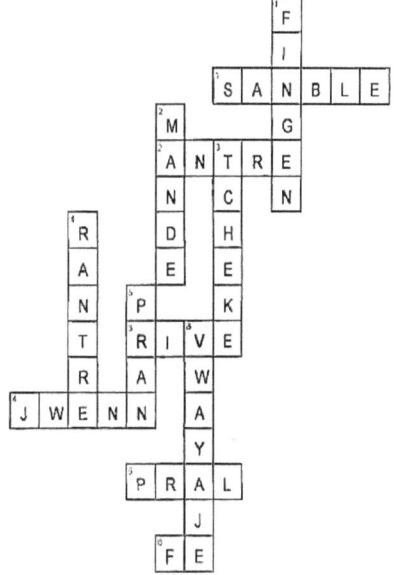

Repons - Leson 23 - Yon Timoun Fèt - Vèb ak Ekspresyon
Paj 209

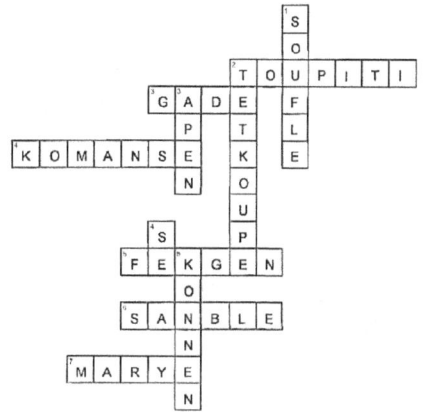

Lekti Kreyòl - Repons Liv Aktivite 1

Repons - Leson 23 - Yon Timoun Fèt - Vokabilè
Paj 213

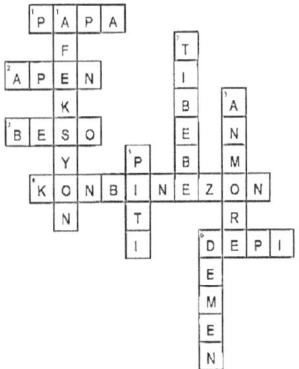

Repons - Leson 24 - Yon Ka Lanmò - Vèb ak Ekspresyon
Paj 217-218

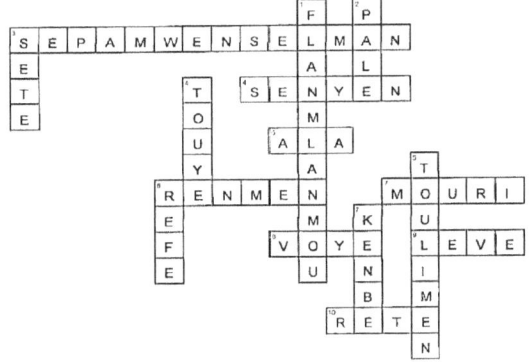

Repons - Leson 24 - Yon Ka Lanmò - Vokabilè
Paj 223

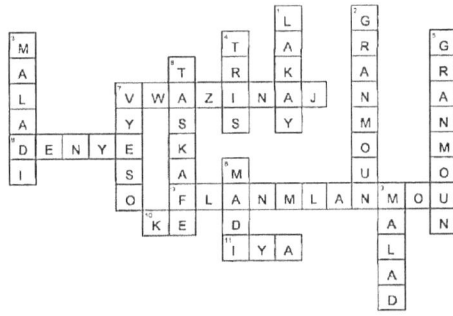

Repons - Leson 25 - Anbago - Vokabilè
Paj 227

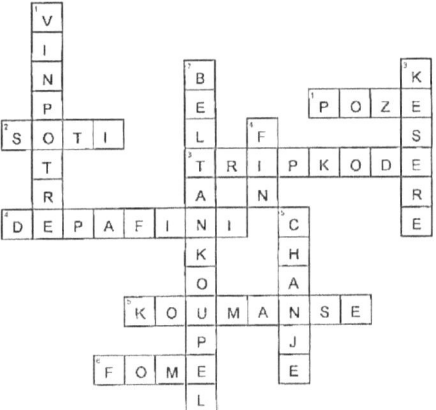

Repons - Leson 25 - Anbago - Vèb ak Ekspresyon
Paj 231-232

Nòt

Lekti Kreyòl - Repons Liv Aktivite 1 W. Douce

www.ingramcontent.com/pod-product-compliance
Lightning Source LLC
Chambersburg PA
CBHW081559040426
42444CB00012B/3173